AF248476

LETTRE HISTORIQUE A MARIE-AMÉLIE

SUR LE

PROTESTANTISME,

PAR M. FRÉDÉRIC DOLLÉ,

Auteur de l'Histoire des six Restaurations françaises.

TROISIÈME ÉDITION.

Paris,

PARENT-DESBARRES, ÉDITEUR,

RUE DE BUSSY, 12 ET 14;

DENTU, AU PALAIS-ROYAL.

Juillet 1842.

M. Frédéric DOLLÉ a également publié :

HISTOIRE DES SIX RESTAURATIONS (2ᵉ édition), 1 fort vol. in-8º.
Prix :   6 fr.
(Il ne reste plus qu'un très petit nombre d'exemplaires de cette édition.)
PROMENADE EN SUISSE ET EN FRANCE (2ᵉ édition), 1 vol. in-8º.
Prix :   6 fr.
(Cette 2ᵉ édition est entièrement épuisée ; la 3ᵉ édition paraîtra prochaine-
ment en un joli volume grand in-18 de 4 à 500 pages. On peut souscrire
d'avance à cet ouvrage chez Parent-Desbarres à Paris et Bocca à Turin.)

LETTRES HISTORIQUES.

CHARLES V ET L'ESPAGNE (2ᵉ édition). Prix :	1 fr. 50 c.
LOUIS-PHILIPPE ET CHARLEMAGNE. Prix :	1 »
LETTRE A M. MOLÉ SUR LA FIDÉLITÉ. Prix :	1 »
LETTRE HISTORIQUE A MARIE-AMÉLIE sur le Protestantisme. (3ᵉ édition.) Prix :	» 30
DUBOIS ET M. THIERS. (5ᵉ édition.) Prix :	» 25
LETTRE A LOUIS-PHILIPPE sur la captivité du roi Charles V. Prix :	» 30
LETTRE SUR LA DÉCENTRALISATION. Prix :	» 60

Ces diverses publications se trouvent chez :

DELPECH, à Bordeaux ;
SÉNAC, à Toulouse ;
MANOURY, à Caen ;
DESROSIERS, à Moulins ;
FRÈRE, à Rouen ;
Mˡˡᵉ FROUT, à Rennes ;
ADAM, à Vire ;
J. MICOLOT, à Lyon.

MANCERON, à Bourges ;
PELLEZ-ROUSSEAU, à Metz ;
HIVERT, à Amiens ;
J. NIEL, à Orléans ;
DEIS, à Besançon ;
A. DE CHATEAUVIEUX, à Genéve.
CORBAZ, à Lausanne ;
BOCCA, à Turin.

PRÉFACE.

J'ai déjà dit mille fois tout ce que la catastrophe de juillet me semblait avoir de déraisonnable, et pourtant je n'envisageais que le point de vue politique dans ce terrible événement ; mais lorsque j'ai vu que les chefs de cette révolution tendaient à changer la religion de Jésus-Christ, qui ordonne de *rendre à César ce qui appartient à César*, alors je n'ai pu retenir un surcroît d'indignation et je me suis demandé où aboutira pour la France un changement si funeste qui donne pour gage aux protestants les fils et les filles du chef actuel de l'état. Je sais que le comte de Paris a été baptisé comme catholique ; mais, par compensation, je ne puis pas oublier que peu de jours avant son baptême Mme la duchesse de Chartres a fait voter, dans la réunion de protestants de la rue de Provence, 25,000 fr. pour être accordés à de « nouveaux missionnaires chargés de dissiper les té- »nèbres de l'idolâtrie qui couvrent l'esprit et le cœur des catho- »liques ». On voit, par cet acte seulement, que le respect que les d'Orléans montrent pour la *religion de la majorité des Français* n'est pas immense.

Cela est d'autant plus grave, à mon avis, que la Ligue naquit des empiétements intolérables des calvinistes qui voulaient s'emparer du pouvoir, et de la coupable condescendance d'une duchesse d'Orléans, sœur de François Ier. La révocation de l'édit de Nantes mit fin à leurs envahissements *actuels*. Mais cette mesure politique ne put anéantir leurs projets ambitieux pour l'avenir, et personne n'a oublié que le Rohan exilé par Louis XIV voulait se former un royaume avec les provinces françaises dissidentes, et les cantons de la Suisse luthérienne, calviniste, etc., où sa personne et ses actes sont en honneur. Nos rois ont donc bien fait d'user d'une grande circonspection à l'égard des protestants, parce qu'ils étaient convaincus qu'à la moindre occasion qui leur serait laissée, ils renouvelleraient leurs coupables tentatives d'usurpation ; parce qu'ils

étaient convaincus que tous les révolutionnaires pensent comme
M. de Barante, que pour affermir leur pouvoir « il faut que la
France soit protestantisée. » C'est donc avec une profonde affli-
ction que j'ai vu une princesse du sang royal, en qui on aimait
du moins la grande piété et l'amour maternel, sacrifier trois de
ses enfants au protestantisme, contrairement à nos coutumes françaises, et en opposition tacite avec le pacte qu'elle a juré avec son
mari en 1830, et qui reconnaît que la religion catholique est la
croyance de la majorité des Français. Sincèrement ému d'un pareil
outrage fait à la religion de nos pères, j'ai voulu en exprimer mon
étonnement à Marie-Amélie elle-même; mais j'ai craint de faire
une fausse démarche, et j'ai encore, cette fois, sollicité les judi-
cieux conseils du noble comte de S....-R...., que l'on trouve toujours prêt à obliger quand il s'agit du service de Dieu et du Roi.
Comme à l'ordinaire, ces conseils ne m'ont point été refusés, et
je donne avec d'autant plus de plaisir la lettre de M. de S....-R....
en tête de cet écrit, qu'elle est un examen approfondi et non pas
un éloge de ma brochure.

Je prévois d'avance les grandes objections qui peuvent m'être
faites à l'occasion de ce petit écrit. On dira peut-être que les véritables royalistes étaient, sous la Ligue, les Français qui soutenaient
Henri IV, *quoique* huguenot, et que les catholiques étaient des
factieux, parce que le for intérieur d'un roi est libre comme celui
d'un particulier, pourvu qu'il ne trouble pas le culte de la majorité
des habitants de son royaume. Cette objection est juste au fond ;
mais, en y regardant de plus près, n'est-ce pas une injustice, j'allais
dire une iniquité, que de donner l'argent des catholiques, qui
sont les plus nombreux en France, à des protestants qui sont en
minorité ? Et croit-on que si la catastrophe de juillet se prolongeait,
et que M\ume la duchesse de Chartres devînt reine des Français ,
croit-on qu'elle pourrait s'empêcher de donner la meilleure partie
de notre argent à soulager les infortunés protestants ? Pour moi , je
suis convaincu du contraire, et c'est pour cela que je redoute les
alliances protestantes, surtout dans les familles princières. La
donation de la somme de 25,000 fr. déjà accordée par M\ume de Chartres à ses coreligionnaires prouverait au besoin que nos craintes ne
sont pas chimériques; il est même impossible qu'il en soit jamais
autrement, et je n'en finirais pas si je voulais relater ici tout ce qui
s'est déjà fait de contraire au catholicisme depuis le mariage de

Mme de Chartres , sans oublier cette liberté d'enseignement qu'on refuse avec tant d'opiniâtreté parce que sans doute cette liberté pourrait être contraire aux projets des réformateurs de toute sorte, sans oublier ce petit article additionnel qu'on vient d'ajouter furtivement au budget, et grâce auquel nos pauvres curés et desservants ont 5 et 800 fr. de traitement, tandis que les ministres du culte réformé reçoivent 2 et 3,000 fr. Il est vrai qu'on ne saurait payer trop cher les disciples du pape Henri VIII et de ses apôtres MM. Luther et Calvin ; cependant je ne voudrais pas pour le double, pas même pour une couronne, être à leur place ni dans ce royaume ni dans l'autre.

Voici la lettre que m'a fait l'honneur de m'écrire M. le comte de S....-R.... :

« Mon cher Dollé,

Vous me demandez de quelle utilité peut être la publication de votre écrit; je vous dirai qu'ainsi que toutes les choses humaines, elle aura ses avantages et ses inconvénients.

Je vous aurais dit, il y a trente ans, que les inconvénients en auraient été beaucoup plus grands que les avantages.

En effet, si, à cette époque, les hommes religieux ont eu toute raison de s'affranchir du joug ignominieux sous lequel on s'était flatté de longue main d'accabler la religion catholique, s'ils ont bien fait et très bien fait de repousser toutes les calomnies qu'on avait entassées contre elle, s'ils ont eu toute raison de la proclamer la civilisatrice du genre humain, d'un autre côté ils ont commis de grandes fautes en mêlant à leurs discussions l'aigreur des anciennes écoles théologiques. Cette aigreur, dès le premier abord, arrête et tend à repousser la conviction de quiconque n'appartient pas à l'opinion qu'on se propose de défendre, et elle donne lieu de penser que ce n'est pas l'amour de la vérité, mais bien l'esprit de parti, qui anime et qui enflamme.

Or, en remontant à trente ans et quelque peu au delà, les dispositions des princes de l'Europe dissidents étaient devenues très favorables à notre religion. Ils avaient parfaitement reconnu que le protestantisme ne reposait que sur l'orgueil humain, toujours prêt à se révolter, coûte que coûte, contre toute autorité, et par conséquent tout aussi anarchique en politique qu'en religion, et non moins dangereux pour les rois que pour les pontifes; et l'évidence du péril était devenue si frappante, que les préventions des princes temporels s'affaiblissaient de plus en plus et qu'un rapprochement vers l'Église de Rome semblait ne plus être très éloigné du fond de leurs pensées.

Qu'a-t-on fait en passant sous silence, en dissimulant même l'ambition dont trop souvent, dans les siècles de barbarie, les chefs de cette Église se montrèrent dévorés ? Qu'a-t-on fait en prenant très ouvertement pour texte une utopie dont l'accomplissement serait pour quiconque a de la foi, ou même seulement un sens droit, très désirable, j'en conviens, si la Providence, renonçant à se servir de dissentiments et de mouvement sur la terre, consentait à l'introduction d'un seul pouvoir aussi paternel que religieux par nature, je veux parler de l'utopie qui, se représentant la chaire de saint Pierre comme le point concentrique de toute équité, aspire à y réunir non seulement spirituellement mais encore temporellement tous les hommes ?

On a, dès ce moment, fait rétrograder vers les anciennes préventions les dispositions des princes qu'avec des reproches moins violents contre le passé, on eût peut-être achevé de convaincre; alors ils ont écouté les pernicieux conseils qui leur dépeignaient le catholicisme comme saturé, pour les rois, des humiliations du moyen âge, et tout espoir raisonnable de retour vers l'unité s'est évanoui à l'instant même.

Ce n'est pas tout : pour asseoir sur des réalités politiques l'édifice qu'on s'efforçait d'élever, on se cacha à soi-même la véritable situation dans laquelle on se trouvait. On parla de la religion, propriété la plus sacrée de tout un peuple, comme si elle existait encore dans toute sa plénitude chez une nation qui avait vu le flambeau de la foi s'obscurcir tellement dans l'intelligence de la plupart des individus, que, malgré quelques habitudes routinières de formalités religieuses, la masse des habitants ne concevait plus rien, ne croyait plus à rien au delà du tombeau, et, jugeant d'après les grossières apparences, ne voyait plus à la rencontre d'un cadavre que la cessation totale de l'existence.

Enfin, comme pour porter le mal à son comble, on se retire de la science humaine, et l'on finit par ne concevoir d'autre moyen de salut que d'imposer d'autorité la croyance au peuple qui l'avait perdue ; comme si la conviction pouvait se commander, et comme si dans notre temps on pouvait se flatter d'y amener les nouvelles générations autrement qu'en s'attirant leur confiance, et en déployant à leurs yeux plus de lumières que n'en possèdent des adversaires, maîtres du terrain qu'il s'agit de recouvrer !

Qu'est-il résulté de cette marche peu raisonnée ? c'est que la confiance en une fausse science tout à fait satanique, comme je la nomme, après s'être incarnée dans les hautes classes, a passé jusque dans le bas peuple ; et commé ces hautes classes ont les mêmes qualités et les mêmes tendances chez les diverses nations, et que, manquant trop souvent à leur vocation d'éclairer la société en embrassant dans toute leur étendue les questions que plus que d'autres elles ont le loisir d'approfondir, elles vont emprunter le savoir où elles comptent le trouver, et ne se donnent pas la peine de l'acquérir par elles-mêmes, il s'en est suivi que du sein de la France s'est répandu parmi les grands de tous les pays l'esprit d'incrédulité qui caractérise notre époque, et que les défenseurs des principes religieux, étant restés en arrière des connaissances dont se prévalaient leurs antagonistes, n'ont pas pu appliquer les contre-poisons au venin subtil qui de la tête même des corps sociaux se répandait avec rapidité dans toutes les parties de l'ensemble. L'Espagne, le Portugal, l'Italie même, sont là pour attester la justesse de mes observations, et pour démontrer, par le peu de succès que les personnes que je respecte le plus ont obtenu pour arrêter le mal, combien il eût été nécessaire que, dès l'origine, ces mêmes personnes eussent modifié leurs moyens d'attaque et de défense.

Je n'ai plus qu'à dire un mot, non plus sur les points de foi religieuse que vous touchez dans votre écrit, mais sur les questions politiques qui y sont mentionnées.

Vous savez qu'élevé à l'école des anciens parlements, et que trouvant ma famille divisée sur le vrai caractère de notre ancienne monarchie, je me suis rangé de bonne heure à l'avis de mon aïeul maternel, qui pensait qu'elle était et qu'elle devait demeurer uniquement *consultative*, puisque la rapidité des communications entre les hommes rendait désormais impossible, à moins de guerres intestines, tout despotisme permanent, et que l'affaiblissement du pouvoir, par l'effet même de ces communications, demandait qu'au besoin la *transcendance* de la royauté demeurât incontestée et incontestable, certain qu'on était que nulle décision injuste ou même nuisible ne pouvait subsister long-temps devant la réprobation générale.

A cette grande question de l'essence du gouvernement monarchique en France se joignait tout naturellement celle de ce que pouvaient être les droits divers des corporations particulières et des assemblées publiques, et surtout de nos états généraux.

J'ai assisté à trop de dissertations et je pourrais dire de démêlés sur la nature même de ces assemblées, sur l'introduction du tiers état dans leurs délibérations, introduction favorisée par la politique de nos rois, pour ne pas rester, du moins jusqu'à un certain point, convaincu de la vérité de l'axiome que j'ai entendu sortir de la bouche du duc de Fitz-James, à la tribune des pairs : *Que l'histoire se prête à toutes les interprétations et qu'on y voit tout ce qu'on veut.*

Je dis cependant : *jusqu'à un certain point*, car un esprit impartial dans toute la force du terme peut y puiser les leçons les plus salutaires.

Mais où trouver cette impartialité? et d'ailleurs n'est-il pas permis à l'homme le plus probe de rappeler à tout un peuple, *dans les dangers publics*, les hauts faits des guerriers qui l'ont illustré, les grandes vertus de ses magistrats, la profonde sagesse de ses administrateurs, et le courage civil et militaire de la nation tout entière, en évitant avec soin de porter des regards indiscrets sur le revers de la médaille?

Mais cependant, si vous étiez appelé dans un jury pour vous expliquer, que répondriez-vous à un républicain qui vous dirait que ce qu'il prend de nos états généraux, c'est çà et là la reconnaissance des droits imprescriptibles du peuple, mais que quant à leur *constitutionnalité*, et au rôle qu'ils ont joué dans l'histoire, il n'y voit qu'un instrument dont les rois ne se servaient que dans des temps de calamité, et le plus souvent *pour manquer à leur parole*, après quoi ils l'éloignaient de leur personne avec empressement, et l'auraient volontiers brisé s'ils n'eussent jugé nécessaire de le garder comme un dernier recours dans les dangers extrêmes?

Ce reproche, il n'est pas un étranger qui ne nous le fasse : mais c'est précisément la raison pour laquelle je refuse de me constituer juge en pareille matière. Je connais trop la profonde corruption des diplomaties de l'Europe, et l'horrible dépravation que de tout temps elles ont semée dans toutes les parties du monde civilisé, pour ne pas retourner de toutes mes forces contre la duplicité des ministres étrangers les reproches qu'ils adressent à ma nation et à mes rois. Ainsi donc, tout ce que le sentiment de justice peut m'inspirer de plus impartial, c'est, dans cette circonstance, de ne rien avancer contre ma conscience ; et, du reste, je ne puis désapprouver les personnes qui, comme vous, vont réveillant l'esprit de nationalité lorsqu'il menace de s'éteindre, et je loue tout homme qui, s'animant en pareil cas d'une juste ardeur, me donne en même temps le gage de la pureté de ses intentions en se proclamant avant tout chrétien et catholique.

Le bien que pourra faire votre écrit sera sans doute fort limité, mais le mal qu'il aurait pû faire il y a trente ou quarante ans sera nul.

Ce blâme bien mérité, mais imprudent peut-être à cette époque, que vous déversez à pleines mains sur le protestantisme, et sur les princes qui s'en sont servis et qui le protégent encore ; cette prédilection pour tout ce qui est parti et qui pourrait partir de l'Eglise romaine dans un sens de domination temporelle, que les rois même les plus pieux et les plus saints de la France n'ont jamais admise, et à laquelle les pontifes de Rome, mieux inspirés, ne donnent plus de suite ; tout cet esprit religieux que reproduisent les deux tiers de votre écrit, et qui, je le répète, fait votre éloge, a porté ses fruits salutaires en partie ; mais, ayant eu aussi leur côté nuisible, surtout auprès des princes protestants, dont ils ont réveillé les funestes préventions plutôt cependant que les craintes, tant on sait que l'esprit de foi qui a fait naître de si grands événements et enfanté de si grands prodiges s'est refroidi même parmi nous, et tant il est nécessaire que de plus profondes analyses des connaissances humaines impriment une direction toute nouvelle aux déviations pernicieuses dans lesquelles se sont perdus peuples et rois dans les derniers siècles !

- Mais par cela même que les peuples, n'ayant que trop entendu le langage des faux prophètes, se sont éloignés des seuls principes de bonheur, même ici-bas, et que ceux mêmes qui ont persisté dans le bien et dans la vérité sont ébranlés et ne se soutiennent qu'à peine, il est bon de les reporter vers le vrai et de les raffermir lorsqu'ils chancellent. Sous ce point de vue, votre écrit devient utile ; non que je m'en promette des résultats tant soit peu marquants dans les provinces où l'indifférence religieuse est portée à son comble : tel est le centre et surtout l'est de la France, où il ne manque à la majeure partie des habitants que la pétulance méridionale pour qu'ils s'abandonnent au fanatisme le plus affligeant en irréligion et en politique.

Mais il n'en est pas de même, du moins en partie, dans les populations des provinces du nord et de votre Normandie, dans les provinces de l'ouest, dans quelques portions même du Dauphiné, dans presque toute la Provence, et parmi les nombreux catholiques de la Guyenne et du Languedoc. Là, il n'est besoin que de montrer les égarements et les attentats du protestantisme pour dissiper les obscurités que les malheurs des temps ont pu jeter dans certains esprits.

C'est donc dans ce pays que vous trouverez des suffrages assurés, et que la publication de votre écrit aura des avantages réels. Le style en est bon et pur.

Quant à son contenu, sous le rapport politique, je vous engage à réfléchir sur les traits que vous lancez, suivant moi trop directement, contre le personnage le plus important et le plus influent, dans toute une conduite sur laquelle vous vous exprimez, à plusieurs reprises, sans nul détour et avec pleine conviction. En vain me direz-vous et dira-t—on avec vous que la franchise est un devoir. Oui, sans doute, lorsque rien n'est mystérieux, et que tout est connu. De plus, votre lettre est adressée à la compagne de celui sur qui vous déversez tant de blâmes bien mérités, il est vrai, aux yeux de quiconque en est réduit à juger sur les apparences; mais il est des ménagements qu'exige la position des personnes à qui l'on expose des griefs, quelque justes qu'ils puissent être, et ces personnes elles-mêmes ne fussent—elles pas exemptes de toute participation aux torts qu'on entreprend de redresser. C'est, au surplus, ce que j'abandonne à votre propre jugement, et à ce que l'indignation que vous avez toujours témoignée contre toute déviation dans la rectitude des idées et des principes peut vous permettre d'excursions hors d'une ligne timide de précautions oratoires.

Je vous renouvelle l'assurance de tous mes sentiments, etc.

Comte de S....—R.....»

31 août 1840.

Lorsque M. de S....,-R.... eut *quasi-approuvé* ma lettre, j'envoyai la première copie à ce noble M. de Rubelles, rédacteur en chef du *Journal du Bourbonnais*, qui expie en ce moment dans les prisons de Moulins le tort d'avoir eu cent fois raison contre les

ministres de juillet, et le tort, peut-être encore plus grave aux
yeux des révolutionnaires, d'aimer la religion de saint Louis, le
trône d'Henri IV et la gloire de Charlemagne. M. de Rubelles eut la
bonté d'insérer ma lettre dans son estimable journal, que les sep-
tembriseurs de la presse font tant d'efforts pour abattre, et il la fit
précéder des réflexions suivantes :

« M. Frédéric Dollé a bien voulu écrire pour le *Journal du
Bourbonnais* une nouvelle lettre historique que nous nous empres-
sons de publier. C'est un honneur dont nous sommes fier et que
nos lecteurs apprécieront sans doute. On se souvient encore du
succès qu'obtint, il y a un an, la brochure intitulée : *Dubois et
M. Thiers*, que nous publiâmes les premiers; la *Lettre à Marie-
Amélie* trouvera la même faveur auprès du public. Les bons esprits
se sont souvent préoccupés des tendances protestantes du régime
actuel. Des protestants ont été appelés au ministère des cultes et
de l'instruction publique, et la famille que la catastrophe de juillet
a placée sur le trône des *rois très chrétiens*, des descendants de
Charlemagne et de saint Louis, n'a trouvé des alliances que parmi
les sectateurs de Luther et de Calvin.

La lettre à *Marie-Amélie* est donc pleine d'à-propos. Aujour-
d'hui surtout que nous avons une école de *ligueurs*, il est bien
de montrer sous quel drapeau ils se rangent. Toutefois ne con-
fondons pas les époques. La mort de Henri III appelait au trône
un prince protestant. Le principe catholique, menacé par cet événement, fit effort pour se dégager, et cet effort, malgré les excès
qui le firent dévier, eut enfin pour résultat de rectifier la situation.
La ligue du seizième siècle était donc le mouvement du principe
catholique; mais l'ambition des Guise l'avait faussé en y cherchant
un appui pour leur usurpation contre les droits de Henri de Bourbon. La ligue moderne, au contraire, attaque à la fois le principe
catholique et les lois fondamentales de ce pays. Ainsi, une différence radicale la distingue de son homonyme. Pour trouver une
situation pareille à celle de cette fraction des *ralliés*, il faut ouvrir
l'histoire d'Angleterre. Là, vous trouverez des *jacobites* devenus
torys, vous trouverez le torysme uni à *l'église établie* contre Jac-
ques II, le roi catholique, au profit de Guillaume d'Orange, l'usur-
pateur protestant. Là, vous trouverez aussi un édifice de *fictions*
étayé par les apostasies politiques et religieuses, un *pays légal* en

dehors des intérêts nationaux, un monopole étroit, lépre hideuse et dévorante qui ne vit que par l'égoïsme et l'arbitraire.

M. Frédéric Dollé nous l'aura démontré : la révolution de juillet est orangiste et ne peut être que cela ; mais ce système bâtard pourra-t-il prendre racine en France, pays de monarchie et de catholicisme? Notre passé, les souvenirs de notre histoire, et l'état des esprits où le catholicisme est encore vivant, tout nous dit que notre patrie ne sera pas condamnée à subir un tel malheur. »

LETTRE HISTORIQUE A MARIE-AMÉLIE

SUR LE

PROTESTANTISME.

Si le roi veut détruire la monarchie, il n'a pas de meilleur moyen que de changer la religion. COLIGNI.

« Partisan du libre exercice *des religions*, je sens que le meilleur moyen de le maintenir, c'est d'effacer de l'esprit des hommes l'importance qu'ils mettent à|ces différences. »
(LOUIS-PHILIPPE, *Moniteur* du 2 oct. 1830.)

Le Calvinisme doit nécessairement enfanter des guerres civiles et ébranler les fondements des états. Il n'y a point de pays où la religion de Calvin et de Luther ait paru sans exciter des persécutions et des guerres. VOLTAIRE.

La religion catholique est la religion de la majorité des Français. CHARTE DE 1830.

I.

MADAME,

Les trois alliances protestantes que vous avez sanctionnées dans votre famille ont contristé toutes les âmes chrétiennes; cet exemple peut devenir funeste à la France, et il est certainement unique dans les annales de notre pays : Henri IV,

2

que votre époux veut bien admettre au nombre de ses aïeux, se fit catholique avant de monter au trône de saint Louis; —Louis XIV, qu'il voudrait imiter par un amour démesuré pour Versailles, Louis XIV ne voulut pas permettre qu'une princesse protestante qui venait épouser un petit-fils de France entrât même à Paris avant d'avoir solennellement abjuré ses erreurs;—Louis XVIII refusa pour monseigneur le duc de Berri la sœur de l'empereur Alexandre, parce qu'elle n'était pas catholique; Henri Dieudonné serait déjà l'époux de la fille aînée de l'empereur de Russie, si l'auguste et exilée Marie-Thérèse avait consenti à ce mariage sans l'abjuration *préalable* de la fille du digne successeur de Pierre le-Grand.... Et vous, Madame, vous que l'on a dépeinte comme si religieuse et si bonne, vous qui avez répandu, dit-on, tant de larmes politiques depuis 1830, vous enfin dont les entrailles maternelles ont eu tant à souffrir à la mort de votre fille Marie, c'est à des princes et princesses hérétiques que vous livreriez, avec vos enfants, l'avenir et le repos de votre patrie adoptive! Malgré tout ce que je vois, malgré tout ce que j'entends et tout ce que je crains, j'ai peine à le croire, car non seulement ce serait manquer de gratitude envers la France, mais encore, tout en jetant votre famille au milieu de nouvelles dissensions, vous insulteriez à la majorité de nos compatriotes, qui est catholique. Cette position est d'autant plus grave que la France est entourée d'états protestants qui ne demanderaient pas mieux que de voir surgir de nouvelles divisions dans notre pays, pour nous affaiblir d'abord, et pour nous démembrer ensuite, s'ils le pouvaient, comme cela est arrivé à la malheureuse et catholique Pologne, et plus récemment à la Belgique, qui n'avait pas besoin de changer le valeureux prince d'Orange protestant contre l'hébété Cobourg protestant!

Croyez-le bien, Madame, la pensée de ces unions antifrançaises ne peut venir que de vos ennemis, de ces hommes perfides dont l'ambition, dès 1789, a creusé la source de nos maux et des vôtres par de funestes instigations. Aujourd'hui que ces détestables propagateurs de toutes les fausses maximes voient la France leur échapper pour retourner à l'ordre monarchique, ils voudraient vous faire jeter le protestantisme comme un brandon de discorde au milieu de notre société catholique, dans l'espoir, peut-être, de faire oublier des querelles politiques d'un jour par cette grave question d'éternité ! Je suis heureux d'espérer que les machiavéliques projets de ces hommes pervers seront désormais repoussés par vous, Madame, comme ils le sont déjà par le bon sens national : car vous savez mieux que personne que le protestantisme n'a été véritablement qu'un brevet d'orgueil et de despotisme donné en appât à la société chrétienne :

Par Luther, moine ambitieux et corrompu qui prêchait publiquement le désordre et la débauche ;

Par Calvin, qui a été flétri sur la place publique de Noyon (1) comme coupable du plus infâme de tous les crimes, et qui, tout en feignant de vouloir la tolérance religieuse, a poursuivi Servet jusqu'à Genève, où il l'a fait brûler comme hérétique ;

Par Henri VIII, qui n'a pas voulu obéir au pape comme chef de l'Eglise et qui s'est fait pape et chef de l'Eglise, qui a épousé et fait égorger cinq ou six femmes, et qui a prêché sa nouvelle foi à coups de glaive, en portant la peine de mort contre tous ceux de ses sujets qui ne seraient pas convaincus de la bonté de ses arguments luthériens ; en faisant passer, enfin, en quelques années, soixante-dix-huit mille victimes par la potence ;

Par Élisabeth, dont le fanatisme protestant a dépassé ce-

---

(1) Voir les *Archives curieuses de l'Histoire de France*, publiées récemment par MM. Cimber et Danjou.

lui de son père, et qui a fait monter sa cousine Marie-Stuart
sur le même échafaud où avait péri Anne de Boulen, sa mère ;

Par Frédéric II, de scandaleuse mémoire, qui se préten-
dait sage et philanthrope et qui a comploté toute sa vie
une nouvelle Saint-Barthélemy catholique pour *écraser
l'infâme*, de complicité avec ce Voltaire qui écrivait un
jour à Thiriot : « Le mensonge n'est un vice que quand il
» fait du mal ; c'est une très grande vertu quand il fait du
» bien. Soyez donc plus vertueux que jamais ; il faut men-
» tir comme un diable, non pas timidement, non pas pour
» un temps, mais hardiment et toujours... Mentez, mes
» amis, mentez, je vous le rendrai dans l'occasion. » On
est donc en droit d'emprunter à Fénelon ce qu'il disait à
propos de l'école de Spinosa, et de répéter, en faisant al-
lusion aux Encyclopédistes : « Ce n'est pas une secte de
» *philosophes*, mais une secte de *menteurs*. »

II.

Voilà pourtant, Madame, les hommes auxquels le protestantisme élève des autels qu'il refuse au Dieu qui est
venu s'immoler pour notre salut, en nous donnant sa
vie pure et résignée en exemple !.... Aussi Feller dit-
avec beaucoup de raison : « Il ne faut pas croire que
Jean Huss, Martin Luther et Calvin, fussent des génies
supérieurs. Il en est des chefs de secte comme des ambassa-
deurs ; souvent les esprits médiocres réussissent le mieux,
pourvu que les conditions qu'ils offrent soient avantageu-
ses. Frédéric II appelait Luther et Calvin *de pauvres gens*.
Si, en effet, on veut réduire les causes des progrès de la
réforme à des principes simples, on verra qu'en Allemagne
ce fut l'ouvrage de l'intérêt, en Angleterre celui de l'a-
mour. L'amorce des biens fut le principal apôtre du luthé-
ranisme. L'espérance de recueillir les dépouilles des écclé-

siastiques, les revenus de tous les monastères, rentes des évéchés, des abbayes, et en général de tous les bénéfices qu'on voulait enlever aux églises, engagea beaucoup de princes dans la nouvelle secte et lui fit plus de prosélytes que tous les livres de Luther. »

Je prends la liberté, Madame, de le répéter, c'est pour faire établir de fâcheuses comparaisons que les courtisans encouragent le protestantisme en France, et veulent lui donner pour gages vos fils et vos filles ; ils savent que les neuf dixièmes et demi de la France sont catholiques (1) et qu'ils verront avec déplaisir plusieurs mariages protestants dans la première famille du royaume, quand eux-mêmes n'en voudraient pas tolérer un seul dans la leur ; ils savent encore qu'étant à la tête d'une révolution faite au nom du peuple et de la liberté, on ne saurait, sans contradiction, introniser une secte qui, née de la tyrannie, ne vit à l'aise que dans les gouvernements absolus et despotiques tels que la Prusse, le Wurtemberg, le Danemarck, la Suède, le Mecklembonrg, et l'Angleterre, où l'on flagelle encore les soldats, et où plusieurs millions d'hommes sont les esclaves de trois ou quatre cents impitoyables lords ; tandis que le catholicisme règne sur des nations libres ou éclairées : il règne sur l'Irlande, sur la France, sur l'Italie, sur la Sardaigne, sur la Belgique, sur la Pologne, sur les états libres de l'Autriche et sur les Espagnols ! Les prétendus réformés disent qu'ils représentent et perpétuent les apôtres du Sauveur des hommes ; quelle perfide et abominable erreur ! Les premiers chrétiens, nos frères, ont inondé Rome de leur sang en confessant Jésus-Christ devant les païens ; les premiers protestants, au contraire, ont versé le sang de nos aïeux en confessant Valdo, Luther et Calvin.

---

(1) D'après une statistique récente, on ne compte guère en France que 700,000 protestants sur 33 millions d'habitants catholiques.

Saint Pierre fut crucifié à Rome, la tête en bas, par l'into-
lérance des ennemis du Christ; et Calvin, Henri VIII et
Frédéric II, firent monter sur l'échafaud les meilleurs et les
plus savants défenseurs de la loi chrétienne. Le duc de Guise
catholique pardonnait généreusement à son assassin, et le
prince anglais protestant fit décapiter Thomas Morus, son
ami et son vertueux chancelier !.. On accuse les catholiques
d'avoir injustement fait la Saint-Barthélemy; mais, un
demi-siècle avant cette déplorable journée, Henri VIII
avait dressé des échafauds pour tous les catholiques, auxquels ce prince donnait le nom menteur d'idolâtres. Ce de-
structeur couronné ne disait-il pas ensuite : « Après avoir
» émondé l'arbre, il ne faut nous reposer qu'après avoir
» arraché le tronc et détruit le principe de nouvelles pous-
» ses » ! Et avant Henri VIII même, n'a-t-on pas entendu
Luther prêcher *l'extermination* des catholiques et la confiscation de leurs biens!..

« Tous ceux qui ont étudié Henri avec quelque soin, dit
» l'abbé Raynal, n'ont vu qu'un ami faible, un allié incon-
» stant, un maître impérieux, un amant grossier, un mari
» jaloux, un père barbare, un roi despotique et cruel.» Aussi,
avant de mourir, Henri VIII, en proie aux remords, fit venir
tout son monde, puis il s'écria : « Mes amis, nous avons
» tout perdu : l'état, la renommée ET LE CIEL (1). »
Le roi leur avouait quelques heures avant d'expirer « qu'il
n'avait jamais refusé la vie d'un homme à sa haine, ni

---

(1) Ces derniers mots prouvent que Henri VIII se souvenait, en mou-
rant, des religieuses remontrances de la reine Catherine, sa première
femme. Et qu'il me soit permis de le dire ici, je ne crois pas qu'il y
ait nulle part une preuve plus évidente de la supériorité du catholicisme
sur la réforme que la lettre suivante adressée, le 1ᵉʳ janvier 1536, à Henri VIII par cette vertueuse Catherine qu'il avait exilée pour se marier
avec Anne de Boulen et *tutte quante*. C'est en 1515 qu'Anne de Boulen
parut pour la première fois devant le roi, et l'on sait de combien d'amer-
tume et d'humiliations la reine Catherine fut abreuvée par son mari de-

l'honneur d'une femme à ses désirs. » Voici la formule du serment qu'il imposa aux catholiques anglais, sous peine ne mort et de confiscation de leurs biens :

« Je N*** confesse et déclare, pleinement convaincu *en ma conscience*, que le roi est le seul souverain de ce royaume et de toutes les puissances et seigneuries, aussi bien dans les choses spirituelles et ecclésiastiques que temporelles ; et qu'aucun autre prince, étranger, prélat, état ou puissance, n'a et ne peut avoir aucune juridiction ni prééminence dans les choses ecclésiastiques ou spirituelles de ce royaume. »

Henri VIII ne fut point encore satisfait par ce serment, il voulut que tout fonctionnaire communiât sous trois mois selon *sa* nouvelle religion.

---

puis ce jour jusqu'à celui de sa mort ; eh bien ! voici comme la reine catholique écrivait à son royal bourreau protestant :

« Sire, mon très cher roi, seigneur et époux, je suis sur le point de remettre mon âme entre les mains de Dieu ; et ainsi elle va être délivrée de ce corps auquel vous avez causé tant de peines et d'afflictions. Mais, quelque grandes qu'elles aient été, elles n'ont jamais été capables, je ne dirai pas d'éteindre, mais non pas même de refroidir l'amour que j'ai toujours eu pour vous, et qui durera jusqu'au tombeau. C'est ce qui m'oblige à vous écrire aujourd'hui cette lettre, pour vous exhorter en qualité de votre épouse, et vous avertir en qualité de chrétienne, de penser à votre salut éternel, qui vous doit être plus cher que la couronne périssable que vous portez, et que toutes les grandeurs du monde.

» Je n'ai point manqué, mon cher époux et mon roi, de prier le père des lumières pour vous, afin qu'il vous inspirât de bons sentiments pour le salut de votre âme, en vous éloignant de ces plaisirs sensuels qui m'ont coûté tant de larmes et de chagrins, et qui vous ont précipité vous-même en un abîme de désordres et d'inquiétudes. Au reste, je vous pardonne de bon cœur tout ce que vous avez fait contre moi ; et je prie Dieu qu'il veuille aussi vous pardonner en son infinie miséricorde. Avant que de rendre le dernier soupir, je vous supplie de ne pas me refuser une grâce que toutes les lois du Ciel et de la terre vous obligent à m'accorder, c'est d'avoir soin de la princesse Marie, votre fille et la mienne. Si vous n'avez pas voulu vous montrer bon mari à mon endroit, montrez-vous au moins bon père au sien... Je finis en vous assurant que je vous aime de tout mon cœur, et que la seule chose que je souhaiterais, pour sortir du monde avec quelque satisfaction, serait de vous voir et de mourir entre vos bras. »

Maintenant, de quel côté sont les bourreaux et les victimes ? où sont les persécutés et les persécuteurs ? L'inflexible histoire est là pour donner raison à qui de droit ; je m'en rapporte à elle et au bon sens français.

III.

Sous nos rois, la société française, que l'on a dit injustement avoir été tyrannisée, n'aurait certes point toléré les trois mariages protestants que vous avez déjà sanctionnés, Madame ; j'en suis convaincu. Les princes sont dans une position tout exceptionnelle ; comme dit Fénelon, « ce n'est pas pour eux que Dieu les a faits princes, mais pour le bonheur de leurs sujets ; un roi doit être l'homme le moins libre, le moins tranquille de son royaume ; c'est un esclave qui doit sacrifier son repos et sa liberté pour le repos et la liberté des autres. » Autrefois donc, les peuples s'occupaient et avaient le droit de s'occuper du mariage des princes, parce que de leurs alliances dépend presque toujours le trouble ou la paix des empires ; en voici quelques exemples entre mille :

En 1210, Philippe-Auguste ayant cru pouvoir marier l'héritière de Flandre à Ferdinand de Portugal, sans le consentement et l'avis des états de la province, les Flamands témoignèrent leur mécontentement d'une manière si vive, que plusieurs villes refusèrent d'ouvrir leurs portes aux nouveaux époux : Gand se laissa assiéger et prendre d'assaut : « La paix fut faite, dit M. Arnauld Scheffer, mais moyennant la concession de plusieurs priviléges dont le plus important fut la faculté accordée aux bourgeois de renouveler annuellement leur administration. Toutes les villes de Flandre acquirent par la même occasion de nouvelles immunités, et *les grandes communes* devinrent de véritables démocraties. »

Les états généraux furent demandés à Louis XII pour s'opposer au mariage d'une fille de France avec l'archiduc Ferdinand. Je crois vous être agréable, Madame, en vous rappelant avec quelques détails comment les choses se passèrent à cette époque glorieuse de notre histoire où un duc d'Orléans régnait *légitimement* sous ce beau titre de *Père du Peuple,* qu'ambitionnait M. le duc de Bordeaux enfant et qu'il revendiquerait sans doute encore aujourd'hui :

«L'année qui suivit la double alliance de Louis avec Ferdinand, dit M. A. Delaroche, la plupart des villes et communautés du royaume adressèrent au roi des requêtes pour demander l'assemblée des états généraux. Louis l'indiqua pour le 10 mai 1506, dans la ville de Tours. Les députés, s'y étant rendus de toutes les provinces du royaume, conférèrent ensemble pendant trois jours et élurent pour orateur Thomas Bricot. Voici comment ce député parla au roi dans cette circonstance solennelle :

« Sire, dès votre avénement à la couronne, votre sagesse a dissipé les orages qui ont toujours paru inséparables d'un nouveau règne. Image de Dieu sur la terre, vous n'avez vengé vos injures que par des bienfaits; père commun, vous n'avez vu dans tous vos sujets que des enfants tendres et soumis. En vain des voisins jaloux, comptant sur nos divisions ordinaires, s'étaient-ils préparés à ravager nos provinces : battus, repoussés, ils ont humblement demandé la paix. Dans ces temps d'alarmes et de troubles où les revenus ordinaires de la couronne paraissent insuffisants, vous avez soulagé le peuple; *les impôts ont été diminués d'un tiers.* Des soins plus glorieux encore ont signalé les commencements de votre règne: *des lois sages ont assuré la fortune des citoyens;* les abus, qui s'étaient glissés jusque dans le sanctuaire de la justice, ont été retranchés; et, ce que nos pères n'auraient osé ni prévoir ni espérer, le laboureur n'a plus tremblé à l'approche du guerrier; et, pour me servir de l'expression du prophète, le mouton bondit au milieu des loups, et le chevreau joue parmi les tigres. Quelles actions de grâces peuvent vous rendre des sujets que vous avez protégés, enrichis! Comment s'acquitteront-ils de leurs obligations?

Daignez, Sire, accepter le titre de *Père du Peuple*, qu'ils vous dé-
fèrent aujourd'hui par ma voix. »

A ces mots, un doux murmure s'éleva dans l'assemblée,
et fut suivi de cris de joie et d'applaudissements. L'orateur,
après s'être recueilli un moment, continua ainsi :

« Vos bienfaits, Sire, ont passé notre attente ; mais ne nous auriez-vous comblés de biens que pour nous plonger dans des regrtes
plus amers? Votre amour pour la patrie doit-il finir avec votre
vie? N'auriez-vous pris tant de peine en faveur de vos fidèles sujets
que pour les livrer vous-même à la merci des étrangers, et leur
faire perdre en un instant le fruit de tant de sang et de travaux ?
Que ne puis-je retracer aux yeux de V. M. la douleur profonde,
la consternation à laquelle la France entière s'abandonna dans ces
moments terribles où nous tremblâmes pour vos jours ? Prosternés
aux pieds des autels, effrayés du seul danger qui vous menaçait,
sans aucun retour sur nous-mêmes, nous ne demandions au Ciel
que la conservation d'une tête si chère. Lorsqu'un rayon d'espérance eut dissipé cette terreur profonde, nous vîmes avec effroi le
péril qu'avait couru l'état : toutes les suites d'un trop funeste engagement se présentèrent à notre imagination. Cependant nous
gardions le silence ; la faveur que le Ciel venait de nous accorder
comblait nos désirs ; nous ne doutâmes plus qu'un roi sage n'ou-
vrît les yeux sur le danger qui nous menaçait, et nous nous rap-
pelâmes avec bonheur que, dans les cruels instants où vous pa-
raissiez toucher à votre heure dernière, vous déclarâtes que vous
ne regrettiez la vie que parce que vous n'aviez point encore assuré
le repos de votre peuple. Ce sont ces paroles à jamais mémorables
qui nous enhardissent à déposer aux pieds de V. M. notre très
humble requête. »

Aussitôt l'assemblée tomba à genoux, les bras levés
vers le trône ; l'orateur, dans la même attitude, poursuivit
ainsi d'une voix basse et tremblante :

« Puisse le suprême arbitre des destinées prolonger la durée de
votre règne ! Puisse-t-il, propice à nos souhaits, vous donner pour

successeur un fils qui vous ressemble ! Mais si ses décrets éternels s'opposent à nos vœux, s'il ne nous juge pas dignes d'une si grande faveur, adorons sa justice, et ne songeons qu'à faire usage des dons qu'il nous a faits. Sire, vous voyez devant vous le jeune comte d'Angoulême. Fils d'un père vertueux, élevé sous les yeux d'une mère vigilante, formé par vos conseils et par votre exemple, il promet d'égaler la gloire de ses aïeux : qu'il soit l'heureux époux que vous destinez à votre fille, et puisse-t-il retracer à nos neveux l'image de votre règne ! »

Ce discours émut le cœur paternel de Louis et des larmes d'attendrissement coulèrent de ses yeux. Le chancelier Gui de Rochefort, après avoir reçu les ordres du Roi, s'avança vers l'assemblée, et dit :

« Messeigneurs des états,

» Notre souverain ne blâme pas la démarche que vous avez faite ; il rend justice aux sentiments qui vous l'ont inspirée, et voit avec la plus vive satisfaction à quel point la patrie vous est chère. Il accepte le titre de *Père du peuple* que vous lui déférez ; vous ne pouviez lui faire un don qui lui fût plus agréable. Si les soins qu'il s'est donnés ont tourné au profit de la chose publique, il déclare qu'il faut en rendre grâce à Dieu, et qu'il s'efforcera de mieux faire à l'avenir. Quant à la requête que vous lui avez présentée, elle roule sur un objet si important, que, quelque déférence qu'il ait pour les conseils de ses fidèles sujet, il ne peut rien statuer à cet égard sans avoir pris l'avis des princes du sang, des grands et des premiers magistrats du royaume. »

Le lendemain de cette séance mémorable, les députés des états de Bretagne présentèrent au Roi une requête entièrement conforme au vœu général de la nation. Le conseil extraordinaire que Louis avait convoqué, ayant décidé à l'unanimité que l'engagement pris avec l'archiduc devait être annulé, comme contraire aux intérêts du royaume, ce prince déclara en public que Madame Claude ne serait point mariée à Charles, comte de Luxembourg, à qui elle avait déjà été promise, et qu'elle épouserait François, comte d'Angoulême. En effet, le 28 mai 1506, la princesse fut fiancée au comte d'Angoulême en présence de toute la cour et des états du royaume. Le cardinal d'Amboise fit la cérémonie des fiançailles. Il y eut, à cette occasion, des fêtes et des réjouissances publiques dans toute l'étendue du royaume. Et le Roi envoya, dit Garnier, « la décision des » états généraux dans toutes les cours de l'Europe pour » montrer qu'il n'avait pas pu se dispenser de déférer au » vœu unanime de ses sujets. »

En 1530, Henri de Béarn, n'ayant conservé qu'une fille, qui fut la mère d'Henri IV, fit assembler les états et leur demanda conseil sur la détermination qu'il convenait de prendre à l'égard de Jeanne d'Albret : le prétendant était le le duc de Clèves, qui devait un jour hériter du trône de Charles-Quint. La réponse suivante des états prouve que nos pères n'étaient ni aussi ignorants ni aussi tyrannisés que quelques hommes se plaisent à le répéter dans le plus grand intérêt de leur bourse et de leur ambition :

« Sire, le plus grand bien de vos sujets est de vous avoir auprès d'eux. Si le mariage proposé avait lieu, ceux de vos sujets qui auraient le malheur de vous survivre n'auraient jamais aucun espoir de voir leur prince dans le Béarn, et, s'il devenait même empereur, il aurait moins de moyens encore de les protéger, puisqu'il aurait des états plus vastes à défendre. Si vous tentez de recouvrer la Navarre, ou si vos ennemis attaquent vos états, le duc viendra-t-il vous défendre avec ses troupes? Le danger sera près de vous et le secours sera loin.

» Sire, l'avis de vos états est que *ce mariage ne convient ni à vous ni à vos sujets.* Vous êtes leur souverain pour les protéger, les défendre et les conserver dans la jouissance paisible de leurs biens. Ils ont à leurs portes leurs ennemis naturels, l'ennemi de vos ancêtres. Vos ancêtres s'allièrent contre lui avec la France; et telle a été leur fidélité qu'ils ont mieux aimé perdre leur royaume que de renoncer à cette alliance. L'expérience leur a prouvé que telle est aussi la manière de penser de vos sujets. Suivez donc la voie que vos ancêtres vous ont tracée. Vous devez assurer le sort de vos sujets, sans

abandonner le projet de reprendre la Navarre. La France a causé
la perte de ce royaume; c'est de la France, et non de l'Allemagne,
que vous devez attendre les moyens de le recouvrer. Il vaut mieux
que le roi de France vous donne un prince de son sang que si vous
avez pour gendre le plus grand prince de la chrétienté.

» Si vous suivez ce conseil, Sire, prenez de nos biens tout ce
qu'il vous plaira. Vos sujets se sont bien trouvés des liens qui
unissaient vos prédécesseurs à la France. Mais si le mariage du duc
de Clèves et de notre princesse avait lieu, les états vous supplient
de ne pas trouver mauvais qu'ils protestent contre ce mariage fait
sans leur consentement. »

Et le mariage avec le duc de Clèves n'eut pas lieu; An-
toine de Bourbon devint l'époux de Jeanne d'Albret, ainsi
que les états l'avaient demandé !

N'est-il pas probable, Madame, que, si l'on avait consulté
la grande famille française sur le mariage de vos enfants,
elle aurait également protesté, par mille bonnes raisons,
contre les pitoyables choix qui ont été faits. Et puisque
tout a changé dans la marche des choses depuis 1830, puisque l'on s'est trouvé heureux d'être appelé roi-citoyen et
que l'on se vante d'être l'élu de la majorité de la nation,
pourquoi vos filles ne se sont-elles pas alliées à des familles
françaises? Il en est certes qui auraient pu imposer des conditions; mais en revanche elles se seraient appelées Fitz-
James, Reggio, Montmorency, La Rochejacquelein, de
Noailles, de Pastoret, etc., etc., etc., lignage illustre et
glorieux dans lequel on chercherait en vain un régent d'Orléans ou un Philippe-Égalité! Et croyez-vous, Madame,
que le peuple n'eût pas plus applaudi à ces alliances de vos
filles que lorsqu'il les a vu donner à un sous-préfet anglais
trônant à Bruxelles et à un petit prince wurtembourgeois,
qui ne pourront jamais faire pencher d'une ligne en faveur
de la France la balance européenne? Nullité d'alliance pour
nullité d'alliance, vous eussiez du moins dans votre famille
des noms glorieusement français, des fidélités à toute é-

preuve, de bons chrétiens enfin ! Et qui sait, Madame !
peut-être qu'alors cette jeune martyre de son dévoûment
filial, cette princesse Marie qui était estimée de tous, vous
bénirait encore aujourd'hui comme mère et comme Française ! Fût-elle morte, du moins son agonie eût été plus
douce en laissant son fils dans les bras d'un descendant des
premiers barons chrétiens, au lieu d'emporter la doulou-
reuse certitude de le savoir élevé par un huguenot politique et religieux !

Que signifie encore pour un roi-bourgeois, pour un roi-
citoyen, ces demandes de dotation pour ses enfants quand
on possède 40 millions de revenu ! « Singulière méprise,
s'écrie avec raison *l'Orléanais* ! Un citoyen, vous ou moi,
par exemple, va-t-il mendier à un autre citoyen, lorsqu'il
marie un de ses enfants, la dot de celui-ci ? C'est une affaire d'intérieur de laquelle personne n'a le droit de s'occuper ; tout au plus fait-il part de l'événement à ses amis et
connaissances, encore a-t-il soin d'affranchir ses lettres. Eh !
que nous fait à nous le mariage des citoyens de Nemours,
d'Orléans, etc. ? Si la fiancée n'apporte pas une assez belle
dot, peu nous importe ; pourquoi paierions-nous les violons ?
N'avons-nous pas fait assez déjà en soldant, chaque année,
le million Mecklembourg, pour assurer à la France le bonheur de vivre à perpétuité sous la dynastie qui nous défraie
de gloire et de prospérité ?... Messieurs les ministres, vous
n'êtes pas adroits : que n'avez-vous plutôt ouvert une sou-
scription, comme on le fit dans le temps pour Chambord ?
Doutez-vous que l'amour de la France ne l'eût bientôt remplie ? Le moyen nous réussit partout ; il est bon, essayez-
en. »

On assure, Madame, qu'on s'occupe encore aujourd'hui
de chercher un troisième mari protestant pour votre fille
Clémentine et que votre époux se résignera même aux plus
pénibles sacrifices pécuniaires afin d'obtenir un prince de
la maison de Nassau pour la princesse Clémentine... Mais

vos filles ont-elles été heureuses au moins avec leurs maris protestants ? Voyez donc les yeux toujours humides de larmes de la reine des Belges, et dites-moi pourquoi elle pleure incessamment sous le toit conjugal ! Et puisque j'ai déjà prononcé le nom révéré de la princesse Marie, permettez-moi de vous rappeler, Madame, comment les maris hnguenots agissent envers les catholiques, car j'ai une opinion trop bien arrêtée des sentiments d'équité, de désintéressement, de l'amour paternel de votre époux, pour croire qu'il a pu permettre ou même tolérer tout ce que dénonce l'article suivant de *M. le comte* de Barbançon, qui n'est autre, comme il l'avoue lui-même, que « le plus spirituel, le plus » frivole et le plus insouciant des écrivains de la presse pé-» riodique. » Écoutez, Madame', ce qu'on a fait des linges de votre malheureuse fille :

« Vous vous rappelez, dit M. le comte de Barbançou, vous vous rappelez ce grand artiste que l'on appelait de son vivant la princesse Marie. Toute jeune fille, et au milieu même de ce palais des Tuileries où elle avait été jetée par une tempête qui l'a tuée, la princesse Marie n'avait pas eu d'autre ambition que d'arriver quelque jour à composer un chef-d'œuvre et à faire disparaître le nom de la princesse sous le nom resplendissant de l'artiste.

» Vous savez aussi que lorsque la princesse Marie, après quelques mois de mariage, eut rendu le dernier soupir dans son exil florentin, nous n'avons pas été les derniers à rendre hommage à cette vie si remplie de travail, de modestie et de résignation.... Toute la presse royaliste a fait silence autour de cette tombe, pour laquelle elle se sentait de profondes sympathies, car dans cette tombe reposait une victime de la révolution. Cette jeune femme était morte de fatigue et d'ennui, et sans avoir rien pu comprendre à ce qui se passait autour d'elle ; mais enfin la tombe s'était refermée, Pise avait rendu le cadavre, rien plus ne restait de cette jeune fille que la Jeanne d'Arc de marbre perdue dans le tohu-bohu de Versailles. Eh bien ! voici qu'aujourd'hui, après dix-huit mois, le souvenir de la jeune artiste, tout ce qui reste d'elle sur la terre, est mis en vente obscurément, comme on ne ferait pas pour la dépouille profane de quelques courtisannes du quartier Saint-Georgés. Oh! honte, et qui le croirait? les moindres vêtements de cette jeune femme, dont le regret devait être éternel pour les siens, le soulier qui l'a chaussée, le gant qu'elle avait à la main, la robe qui l'a recouverte; bien plus, car la profanation ne s'arrête pas, le linge qui conserve encore son empreinte, tout cela est mis aux enchères! On vend ses vieux bas, on vend ses bonnets, on vend ses camisoles de nuit, et nous pourrions vous dire le nom de cette comédienne sur le retour qui se pare le matin avec les petits bonnets brodés de la fille de Marie-Amélie! Et afin que la chose se vendît mieux, afin qu'il n'y eût pas de doute sur l'authenticité de ces dépouilles, on a laissé sur chacun de ces chiffons, qui devraient être si précieux pour sa famille, le nom de la victime, et au dessus du nom la couronne royale. Malheureuse femme! allons, faites-vous belle, parez-vous pour l'époux qui va venir, choisissez vous-même les couleurs qui lui plaisent le plus, ayez soin que vos belles dentelles soient blanches, que votre linge soit le plus fin du monde, que votre ceinture puisse servir à la taille d'un enfant, prodiguez la broderie dans les plus mystérieux recoins de toilette, pour qu'un jour, quand vous serez morte, à vingt-cinq ans, loin de la France votre patrie, loin des artistes vos frères, loin, bien loin de ce mouvement des esprits que vous aimiez, arrive, dans le palais où la révolution a placé les vôtres, la marchande à la toilette, ce croquemort effronté de tous les vieux chiffons licencieux et salis, qui emporte, à beaux deniers comptants, votre simple parure de la nuit, votre élégante toilette du soir, votre frais déshabillé du matin, pour aller les revendre en détail à ses pratiques infimes, à Mlle Victoire, à Mlle Rosalie! — Tenez, leur dit-elle, c'est à bon compte; j'ai payé cela un prix fou dans le palais des Tuileries, mais je suis bonne femme et je veux que ces robes soient portées; voici la robe que la princesse Marie mettait dans son atelier le matin, vous en ferez une belle robe de chambre, ma petite Amanda; et vous, Georgette, voici un jupon brodé, vous en ferez une robe de bal; et vous, Justine, prenez ces mouchoirs de poche ornés de valenciennes, vous m'en direz de bonnes nouvelles. Ainsi elle divise à ses pratiques ordinaires ces honnêtes reliques; ainsi elle étale dans les plus vils boudoirs le peu qui reste de cette femme tant aimée. Prince de Wurtemberg, mais vous n'avez donc pas de souvenir, mais vous n'avez donc pas de cœur; mais, à défaut de cœur, c'est donc le respect et la pitié qui vous manquent, vous n'avez donc jamais lu ce chapitre de la Passion, dans lequel l'apôtre, après avoir raconté tout ce martyre, ajoute avec une ironie amère et sublime : *Et inter se dividerunt vestimenta ejus!* Ils se sont partagés ses vêtements!

»Pour nous, nous les avons vus de nos yeux, nous les avons touchés de nos mains, nous les avons entourés de notre pitié ces tristes lambeaux déjà froissés par tant de mains avides. La douce odeur de la personne morte était là tout entière, les formes de ce corps si frêle pouvaient être retrouvées dans ce linge profané; le soulier avait conservé la forme du pied, le gant la forme de la main, quelques uns de ses beaux cheveux étaient restés au bonnet de la nuit, la taie de l'oreiller était encore froissée comme après une nuit d'insomnie et de souffrance ; dans les poches de la robe se trouvaient encore le crayon et le fusin qui lui avaient servi à retracer quelques esquisses, pauvres idées inachevées, emportées comme elle par la mort.

» Il n'y a pas jusqu'au couvre-pied du lit nuptial, un chef-d'œuvre qui rappelle les descriptions que fait Homère des voiles des femmes troyennes, qui n'ait été mis à l'encan et vendu comme tout le reste. Mais cela se peut-il bien comprendre ? vendre ainsi au premier venu le frêle tissu qui a recouvert votre fiancée pour la première fois, faire colporter de maisons en maisons bien mieux que la couronne ducale, la couronne nuptiale ; ne pas savoir ce que deviendra ce voile blanc, témoin d'une félicité sitôt passée et à quel usage il pourra servir ; vendre enfin non seulement le lit de l'épouse, mais le linceul de la morte!... certes, c'est là une histoire cruelle à raconter. Eh! qui de nous, juste ciel! quand il a perdu son vieux père ou son jeune enfant, ou sa femme adorée, a jamais songé à mettre en rente l'habit du vieillard, la dépouille de la femme, les jouets de l'enfant? Mais au contraire, on ramasse avec soin, avec respect, avec des sanglots et des larmes, tous ces pauvres riens qui leur ont appartenu ; on les enferme dans les lieux les plus sûrs de la maison, et quand la première douleur est passée, on s'entoure avec une sorte de joie et un religieux empressement des souvenirs de ceux qui ne sont plus.

» Voici donc une jeune femme de 25 ans, grande par l'esprit, grande par le cœur, qui laisse après elle pour la pleurer une mère, une tante, un mari, un enfant, cinq frères, deux sœurs, deux belles-sœurs, un beau-frère, trois neveux, tout ce qu'il y a de plus proche parmi les proches, tout ce que la famille a de plus solennel, et dans cette immense famille dont il nous est impossible d'énumérer tous les membres, on ne songe pas à se diviser ces précieuses dépouilles; on les laisse vendre à la marchande à la toilette, pour qu'elle les revende à crédit à ses pratiques. Mais, mon Dieu! si ces souvenirs-là vous importunent, si en effet vous n'êtes plus assez riches pour les racheter, n'avez-vous pas derrière vous les héritiers naturels et sacrés de votre fille, de votre nièce, de votre sœur, de votre femme, de votre belle-sœur, de votre mère; nous voulons dire les pauvres de la Salpêtrière et de l'Hôtel-Dieu, ceux-là même auxquels a appartenu de tout temps le linge des rois et des reines de France? Ceux-là et ceux-là seuls ne souillent pas les dépouilles royales; la misère est sainte et royale aussi : il n'y a pas de bonnet de noces qui n'aille bien à sa tête grisonnante; il n'y a pas de camisole de nuit qu'elle ne purifie par la chaleur ardente de la fièvre; il n'y a pas de mouchoir de batiste si bien brodé et si bien garni de valenciennes qui soit trop riche et trop beau pour essuyer la dernière larme du malheureux qui se meurt dans un lit d'hôpital; ainsi, en donnant aux pauvres, vous auriez sanctifié la dépouille de la princesse Marie. Quant à son couvre-pied nuptial, au lieu de le laisser acheter par *le plus spirituel, mais aussi par le plus frivole, le plus insouciant et le plus léger écrivain de la presse périodique,* c'était un beau lange baptismal tout trouvé, lorsque enfin vous vous seriez décidé à obéir à la dernière volonté de la princesse Marie, qui de ses mains mourantes tendait son fils au baptême, que son fils n'a pas encore reçu.

» Nous nous rappelons, nous aussi, qu'aux jours funestes de 1830, nous avons assisté à la vente d'une princesse royale, Mme la duchesse de Berri; on vendait ce jour-là les plus imperceptibles débris de cette fortune royale que rien n'égalait sous le soleil; on vendait des riens, des misères, le néant, la pousssière de ses pas sur un tapis; à cette vente *nous sommes tous venus la tête nue,* le désespoir dans le cœur, et nous nous sommes arrachés à prix d'or ces souvenirs de la mère de Henri de France : cet or était destiné par elle à quelques malheureux que désormais elle ne pouvait plus secourir. Ainsi, jusqu'à la fin, cette royauté exilée a donné des leçons de générosité et de grandeur aux royautés à venir. »

Je n'ai pas oublié, Madame, qu'un journal étranger, la *Gazette d'Augsbourg,* a démenti la vente à l'encan dénoncée par *M. le comte* de Barbançon, mais je sais aussi que l'article suivant parut aussitôt dans la même feuille qui avait publié la plainte ; ce dernier mot me semble porter coup, et dispense de toute autre réplique :

« Nous les avons fait rougir... ; ils ont eu honte d'avoir vendu à la criée la dépouille d'une morte, d'avoir fait douze à quinze mille francs avec les chemises, les camisoles, les mouchoirs, les manteaux de lit, les pantoufles et le couvre-pied d'une princesse d'Orléans ; et, n'ayant pas trouvé à Paris un journal pour nier ce que tout le monde pouvait attester, ils ont écrit à la *Gazette d'Augsbourg* pour lui faire dire que nous avions calomnié la liste civile !

» Eh bien ! nous persistons dans tout ce que nous avons avancé au sujet de ce scandaleux encan, et puisqu'ils ont été assez maladroits pour nier que l'on ait vendu le linge de corps de la malheureuse princesse Marie, nous allons aujourd'hui en nommer les acquéreurs :

» Mme Damoreau a acheté les camisoles de nuit ;

» Mme Fould, les mouchoirs de poche ;

» Mme Lehon, les taies d'oreiller ;

» M. Jules Janin, le couvre-pied de mousseline brodée, avec les chiffres enlacés du prince et de la princesse, surmontés de la couronne ducale ;

» Mlle Esther, des Variétés, les bonnets, qu'elle a achetés d'une marchande à la toilette et ouvreuse à l'Opéra-Comique, *à laquelle on peut s'adresser.* »

Puissent, Madame, ces tristes et déplorables souvenirs vous mettre en garde contre les nouvelles alliances protestantes qu'on tenterait d'imposer à votre tendresse maternelle, à votre piété catholique, à tous vos sentiments de Française et de princesse royale !

IV.

La joie que la naissance du comte de Paris vous a causée, les *pompeuses* fêtes de famille de son baptême et les souhaits menteurs des courtisans de votre fortune actuelle, vous

empêchent peut-être de réfléchir à tout ce que j'ai eu l'honneur de vous dire relativement aux empiétements probla-
bles de la religion de Luther sur celle de Jésus-Christ ; c'est
pourtant, à mon avis, une bien grande affaire, et je suis fort
étonné que l'on célèbre par des fêtes la naissance et le baptême de ce *jeune héritier du trône céleste.* Les journaux
orléanistes ont aussi cru faire merveille en annonçant avec
emphase que le comte Paris était né la veille du jour de la
Saint-Louis, et que cette circonstance était d'un bon augure
pour l'avenir du prince. Comme chrétien, je l'espère peut-
être plus que personne, Madame; mais veuillez vous souvenir que la veille de la Saint-Louis est l'anniversaire de la
Saint-Barthélemy : la Saint-Barthelemy !.... malheureux
anniversaire des DEUX plus déplorables journées dont la
France ait eu à gémir ! Je dis *deux journées,* car, bien que
messieurs les réputés philosophes ne parlent jamais que de
la dernière, celle-ci ne fut pourtant qu'une *représaille consentie* (1) par le trop faible Charles IX , laquelle eut lieu le
24 août 1572 ; mais ils se gardent bien de dire que le 24 août
1569 tous les nobles , tous les prêtres , tous les catholiques
du Roussillon, du Béarn, de la Navarre et des environs,
furent massacrés le même jour et à la même heure par les
protestants. L'historien Noël écrivait en 1803 : « Le jour de
» la Saint-Barthélemy, le 24 août 1569, eut lieu le massacre
» des prêtres et des nobles dans le Béarn et dans la Na-
» varre *par les calvinistes.* » L'auteur de l'*Histoire de la
Navarre,* en parlant de ce massacre, ajoute : « Ces nou-
» velles fâchèrent extrêmement le roi Charles, qui, dès lors,
» résolut une seconde Saint-Barthélemy en expiation de la
» première. » Le même historien, en racontant l'accomplissement de cette affreuse résolution, dit formellement
que « le roi Charles y fut excité par le souvenir des sei-
» gneurs dagués de sang-froid en Béarn par Montgomme-

____

(1) Voir les *Archives curieuses de l'Histoire de France.*

» ry, lequel pompeusement se pavanait à Paris. » (*Histoire de Navarre*, liv. XVI.)

Au reste, les assassinats des catholiques par les protestants ne datent ni de la première ni de la seconde Saint-Barthélemy : — Dès 1535, Henri VIII fit trancher la tête à Thomas Morus pour n'avoir pas voulu prêter serment de suprématie religieuse au Néron de l'Angleterre.—En 1553, c'est-à-dire dix-neuf ans avant la Saint-Barthélemy, le 27 octobre, Jean Calvin fit brûler vif, à Genève, le savant Michel Servet (1). — En 1562, les calvinistes, s'étant rendus maîtres de la ville de Caen, y abolirent l'exercice du culte catholique au mépris de cette tolérance religieuse qu'ils sollicitaient quand ils étaient les plus faibles, dit Moreri.— En 1565, huit ans avant la Saint-Barthélemy, et en présence même du roi Charles IX, comme la procession du Saint-Sacrement passait, à Lyon, sous les murs du collége dela Trinité, le prêtre qui portait l'ostensoir fut blessé mortellement par une pierre lancée des fenêtres du collége, dont les professeurs étaient calvinistes. Les catholiques de la ville demandèrent justice des coupables ; mais elle se fit trop long-temps attendre, et la querelle s'envenima à un tel point que les duels et les combats devinrent très fréquents, et que les prétendus réformés rêvèrent et conçurent dès lors le plan d'un vaste massacre des catholiques, massacre qui aurait bientôt eu lieu sans la présence d'esprit du père Edmond Auger. Voici comment Colonia s'exprime à ce sujet :

« La providence fournit à Edmond Auger un heureux strata-

---

(1) D'autres temps, d'autres sentiments, dit Feller. Poursuivi en France, Calvin écrit contre les intolérants ; maître à Genève, il soutint qu'il fallait condamner aux flammes ceux qui ne pensaient pas comme lui ; et cet homme, qui ne comptait pour rien l'autorité de l'Église universelle, voulait être l'arbitre de toute croyance... Il fit plus : il établit une espèce d'inquisition, une chambre consistoriale avec droit d'excommunication. Cette religion, qu'on a crue être favorable à la liberté, eut pour auteur un homme dur jusqu'à la tyrannie. Calvin, suivant J.-J. Rousseau, avait tout l'orgueil du génie qui croit sentir sa supériorité et qui s'indigne qu'on la lui dispute.

gème. L'heure de minuit était le signal que les protestants s'étaient donné dans tous les quartiers pour sortir de leurs maisons, et l'horloge de Saint-Nizier était le signal auquel ils devaient commencer à agir. Edmond Auger fit avorter leur projet en dérangeant toutes les horloges de la ville ; on entendit sonner neuf heures ou dix heures dans un quartier, tandis qu'on entendit sonner deux ou trois heures dans l'autre. L'horloge de Saint-Nizier fut arrêtée, et ne sonna point du tout à l'heure du signal : ces variations causèrent l'inaction et jetèrent la confusion et le désordre parmi les conjurés. Une autre fois, en 1562, dix ans avant la Saint-Barthélemy, les protestants résolurent de s'emparer de la ville de Lyon et ils y réussirent.

» Une capitulation s'ensuivit. Il fut convenu, par cet acte arraché au chapitre et au gouverneur du Lyonnais, que *deux mille protestants* seraient commis à la garde de la cité, *et soudoyés par la commune ainsi que par l'Eglise* ; que les catholiques absents pourraient rentrer librement dans Lyon ; qu'il y aurait dans le consulat douze protestants ; qu'enfin la liberté de conscience serait proclamée. Un article du traité renferme une de ces conditions ridiculement contradictoires qui sont tout l'esprit des partis triomphants ; il porte *qu'il ne se dira plus de messes*, et il suit immédiatement celui qui reconnaît la *liberté de conscience !* L'effet de cette capitulation fut l'exil volontaire auquel se soumirent les religieux de l'un et de l'autre sexe et presque tous les prêtres. Les couvents, les églises abandonnés par eux, furent transformés en temples calvinistes. *Les images et les reliques furent brisées par les vainqueurs*, qui détruisirent aussi plusieurs édifices, et principalement le beau cloître fortifié de Saint-Just. De terribles excès signalèrent cette importante prise de possession (1). »

Voici maintenant un échantillon de la polémique religieuse de Luther :

« Rome n'est que la *racaille de Sodôme*, dit-il, la *prostituée de Babylone* ; le Pape n'est qu'un *scélérat qui crache des diables*, les cardinaux des *malheureux qu'il faut exterminer.* » — « Si j'étais le maître de l'empire, écrivait-il, je ferais en même temps paquet du pape et des cardinaux, pour les jeter tous ensemble dans la mer ; ce bain les guérirait, j'en donne ma parole ; j'en donne Jésus-Christ pour garant. »

---

(1) *Résumé de l'Histoire du Lyonnais*, pages 269, 270 et suivantes.

Luther dit ensuite que la papauté romaine a été établie par Satan (1). Dans une discussion théologique avec les savants de Louvain, il traite ses adversaires de *bêtes*, *pourceaux*, *épicuriens*, *athées*, etc. Il écrivait d'Henri VIII, lors de la publication de l'ouvrage qui mérita à ce roi, du pape Léon, le titre de *Défenseur de la Foi :*

« Je ne sais si la folie elle-même peut être aussi insensée que la tête de ce pauvre Henri! Oh! que je voudrais bien couvrir cette majesté anglaise de boue et d'ordure! j'en ai bien le droit! Venez, M. Henri, je vous apprendrai! »

Quelle élévation de pensée!.. Quelle majesté de style pour un réformateur!...

M. Guizot écrivait dernièrement que Calvin n'avait été que de son siècle en faisant brûler Servet; il paraît que le siècle de tolérance protestante continue, car voici ce qu'écrivait au mois d'avril 1842 *le Postillon de Lucerne :*

« Le calme ne renaîtra en Suisse que *lorsque les prêtres seront suspendus à la plus haute tour de Lucerne pour servir de pâture aux corbeaux*, que lorsque les jésuites et tous leurs suppôts *seront précipités dans les fleuves et dans les lacs pour être dévorés par les poissons et les écrevisses.* Jurons une haine éternelle à ces esprits évoqués des enfers, bannissons-les du territoire suisse, afin qu'ils ne nous infectent pas de leur souffle pestilentiel! Il faut prendre des mesures radicales avec ce nid de vipères, avec ces prêtres *ennemis* de la religion, avec ces aristocrates irréligieux. Serrez vos rangs, débarrassez-vous des traîtres; *abattez-les comme des chiens enragés partout où vous les trouverez.* »

Il n'y a pas qu'en Suisse où les sentiments et les effroyables exemples du *pape Henri VIII d'Angleterre* se soient perpétués. Je défie que l'on me cite une action aussi abominablement sacrilége que celle de ce lord Co...... qui, après

---

(1) Luther n'a pas toujours été l'ennemi de Notre Saint-Père; voici ce qu'il écrivait à Léon X, en 1518 :

« Donnez la vie ou la mort, appelez ou rappelez, approuvez ou réprouvez comme il vous plaira; j'écouterai votre voix comme celle de Jésus-Christ même. » (BOSSUET, *Hist. des variat.*, tom. 1, pag. 23.)

avoir déshonoré deux ou trois cents jeunes filles, en trouve une plus récalcitrante que toutes ces autres Anglaises qu'on voudrait nous donner pour des modèles de vertu (le plus grand nombre des villes de la Grande-Bretagne regorgent de prostituées de haut et bas étage), et qui, déguisé en homme du peuple, continue son entreprise criminelle, et noircit en même temps son âme et ses mains pour mieux tromper la jeune fille, propose de se marier, invite les parents à sa noce qu'il désire faire à la campagne pour les réjouir davantage, prend des témoins, fait déguiser son valet en ministre du saint Évangile, puis le lendemain matin se sauve dans les équipages du grand seigneur, et abandonne la malheureuse mère à son désespoir, et croit sans doute racheter son crime atroce en laissant tomber quelques guinées de sa cassette millionnaire sur le lit de douleur de sa victime. — Il n'y a donc rien de changé dans le monde protestant : l'Angleterre actuelle fourmille encore de ces hommes dépravés qui, à leur lit de mort, avoueront sans doute comme leur patron Henri VIII « qu'ils n'ont jamais refusé » la vie d'un homme à leur haine, ni l'honneur d'une fem— » me à leurs désirs ! »

V.

D'après tout ce qui précède, je suis heureux d'espérer que vous serez aussi convaincue que moi, Madame, que la Saint-Barthélemy *consentie* par Charles IX ne fut point une provocation, mais une représaille. Et c'est dans de pareilles circonstances, c'est pour célébrer la naissance du fils d'une protestante que le conseil municipal de la capitale du royaume a fait présent d'une épée au comte de Paris ! Mais il ne nous reste plus qu'à demander s'il s'en servira comme Charles IX ou comme Henri VIII ! Dans tous les cas, une épée est toujours d'un déplorable augure entre les mains d'un enfant au berceau ; comme chrétien, j'aimerais mieux lui voir une croix, seule arme que Dieu ait employée pour sauver le monde ; ce ne sont d'ailleurs jamais des signes de destruction ou de grandeur qu'il faut mettre aux mains des enfants, ce sont au contraire des emblèmes d'humilité et d'égalité, qu'ils ne sont toujours que trop disposés à méconnaître dans la suite. Il doivent tous imiter l'exemple de ce Dauphin de France qui disait en 1765 à ses trois fils et à madame Élisabeth, après s'être fait apporter les registres de la paroisse où ils avaient été inscrits à leur rang parmi tous les nouveaux-nés de la ville : « Vous voyez votre nom placé à la suite de celui du pauvre et de l'indigent. La religion et la nature mettent ainsi tous les hommes de niveau ; la vertu seule apporte entre eux quelque différence, et peut-être que celui qui vous précède sera plus grand aux yeux de Dieu que vous ne le serez jamais aux yeux des peuples. »

Voilà certes un noble et bel exemple à suivre, Madame. A quoi peuvent servir tant de fastueuses réjouissances pour un nouveau-né, si ce n'est à centupler les angoisses de l'adversité, lorsque des temps d'épreuve nous sont imposés par Dieu !.. Les choses d'ici-bas sont si éphémères ! les espérances de la veille sont si souvent déçues le lendemain !... Voyez plutôt, Madame : — Le 23 août 1754, le canon des Invalides annonçait la naissance d'un petit-fils de France, qui fut Dauphin et qui eut l'honneur de porter la couronne de saint Louis ; l'allégresse et les vœux furent universels ; tous les cœurs de mère tressaillirent de joie et d'amour, comme si leurs propres entrailles venaient d'enfanter un fils ; tous les Français s'émurent de vénération et d'enthousiasme, comme un si un père commun, un sauveur, un protecteur tout-puissant, leur fût né à toujours : eh bien ! Madame, cet enfant tant aimé et tant chéri dès le berceau fut l'infortuné Louis XVI. Comment toutes ces fêtes ont-elles fini ? par l'échafaud révolutionnaire, qui a emporté cette belle tête qui avait reçu tant de baisers adulateurs, et par les chants de la *Marseillaise,* que votre époux n'oublie jamais d'entonner publiquement au moins deux fois par année ! — Et le roi

de Rome? A sa naissance il semblait qu'il n'y aurait pas assez de trônes au monde pour contenir cette chétive créa-
ture? Le roi de Rome est mort loin de la France, colonel
autrichien, peu connu et peu regretté de ses concitoyens.—
Et Napoléon lui-même, ce favori de la fortune, ce vain-
queur des vainqueurs, n'a-t-il pas fini par subir la prison
de Sainte-Hélène, après avoir commandé à l'Europe?—Et
le duc de Bordeaux, si attendu, si aimé, n'est-il pas ac-
tuellement dans l'exil? Et pourtant il a été appelé l'enfant
du miracle! et pourtant tous les poëtes ont chanté sa venue;
la diplomatie l'a appelé l'Enfant de l'Europe, et j'ai eu le
bonheur d'entendre Louis XVIII annoncer ainsi sa naissance
aux Français : « Mes enfants, il nous est né un enfant à tous;
» il vous aimera comme je vous aime, comme vous ont aimé
» tous les miens. » Le Nonce de Notre Saint-Père le Pape
dit en prenant l'orphelin royal dans ses bras : « Cet enfant
» de douleurs, de souvenir et de regrets, est aussi l'enfant
» de l'Europe. Il est le présage et le garant de la paix et
» du repos qui doivent suivre tant d'agitations. »

M. le préfet de la Seine s'est exprimé ainsi à la fête populaire qui fut donnée à l'hôtel-de-Ville, et à laquelle Votre Altesse avait l'honneur d'assister auprès du noble
comte d'Artois :

« Nous l'avons salué, ce jeune enfant, comme l'aurore qui annonce un jour pur après la tempête. Il vivra pour imiter ses nobles
parents; ses modèles sont dans sa famille : il y trouvera les qualités qui font les bons princes, et les vertus qui forment les grands
rois. Le temps n'est pas loin où ces vertus royales seront enfin
appréciées, et où, par un accord unanime, les peuples sauront
combien on doit plus à ces garanties qu'aux fausses et funestes
maximes des novateurs. Déjà la France repousse avec dédain leurs
abstractions mensongères : son bonheur est une réalité plus douce,
elle s'y plaît et se confie avec délices aux nobles mains qui l'ont
préparé. Après de longs orages qui n'ont pas été sans gloire, il est
temps de goûter le repos et la félicité. La politique des enfants de
saint Louis fut toujours de rendre la vie commode et les peuples

heureux. Fiers de notre chère et belle France, ainsi que de sa pro-spérité, contemplant avec joie le berceau de cet astre qui est pour nous l'étoile de l'avenir, tous nos vœux, tout notre amour, toute notre reconnaissance, sont pour la dynastie de nos princes légitimes, et le cri de nos cœurs sera toujours : Vive le roi! vive les Bourbons! »

Le *Journal des Débats*, qui a salué de ses perfides louanges la naissance du comte de Paris, adressait en 1820 ces paroles à Monseigneur le duc de Bordeaux :

« Jeune enfant, vous nous apparaissez dans nos orages politiques comme l'étoile apparaît en dernier signe d'espérance au matelot battu par la tempête. Qu'autour de votre berceau viennent se rallier les efforts des gens de bien! Contre ce berceau sacré que tous les efforts des méchants viennent échouer! Croissez pour imiter les vertus de la noble famille qui vous entoure! Croissez pour consoler une mère qui vous a conçu dans la douleur! Croissez pour rendre heureux un peuple qui vous reçut avec tant de joie et d'espérance! »

M. Victor Hugo, qui ne prévoyait sans doute pas qu'il chanterait un jour les héros de juillet qui ont expulsé le *nouveau Joas*, disait dans une ode admirable de poésie et de sentiment :

> Honneur au rejeton qui deviendra la tige!
> Henri, nouveau Joas, sauvé par un prodige,
> A l'ombre de l'autel croîtra vainqueur du sort!
> Un jour de ses vertus notre France embellie,
>   A ses sœurs, comme Cornélie,
> Dira : Voilà mon fils; c'est mon plus beau trésor.

Eh bien! Madame, malgré tous ces vœux, parmi lesquels il a pu s'en trouver de sincères, Henri de Bourbon est maintenant exilé! Qu'attendre, après cet exemple, de la foi politique et de la science des hommes? S'ils ont été de bonne foi, les événements ont donné tort jusqu'ici à leurs prédictions, et il ne faut pas s'y fier; s'ils ont joué la comédie et trahi la branche aînée des Bourbons, ils peuvent tout aussi bien trahir la branche cadette, et il faut les mépriser au lieu de les honorer et de leur confier les premiers postes de l'état.

VI.

Tous les bons catholiques croient, Madame, que les mariages protestants que vous avez déjà eu la condescendance de sanctionner sont autant de piéges qui vous ont été tendus par ceux qui veulent vous perdre dans l'opinion des bons Français, en insinuant méchamment, je veux le croire, que la famille d'Orléans veut le bouleversement de la France et sa ruine, ayant déjà donné trois de vos enfants au protestantisme, et convaincus qu'ils sont avec Voltaire que le calvinisme doit nécessairement enfanter des guerres civiles et ébranler les fondements de l'état.

« Les guerres religieuses du seizième siècle, dit M. de Châteaubriand, ont duré trente-neuf ans ; elles ont enfanté les massacres de la Saint-Barthélemy, versé le sang de plus de deux millions de Français , et dévoré près de trois milliards de notre monnaie actuelle (1); elles ont produit la saisie et la vente des biens de l'église et des particuliers, frappé deux rois d'une mort violente, Henri III et Henri IV, et commencé le procès criminel du premier de ces rois.... La communion réformée n'a jamais été aussi populaire que la communion catholique ; de race princière et patricienne, elle ne sympathise pas avec la foule. Equitable et moral, le protestantisme est exact dans ses devoirs ; mais sa bonté tient plus de la raison que la tendresse ; il vêtit celui qui est nu , mais il ne le réchauffe pas sur son sein ; il ouvre des asyles à la misère, mais il ne vit pas et ne pleure pas avec elle dans ses réduits les plus abjects; il soulage l'infortune, mais il n'y compatit pas. Le moine et le curé sont les compagnons du pauvre : pauvres comme lui , ils ont pour leurs compagnons les entrailles de Jésus-Christ ; les haillons , la paille, les plaies, les cachots, ne leur inspirent ni dégoût ni répugnance; la charité en parfume l'indigence et le malheur. Le prêtre catholique est le successeur des douze hommes du peuple qui prêchèrent Jésus-Christ ressuscité ; il bénit le corps du mendiant ex-

---

(1) D'après un consciencieux règlement de compte qui vient d'être publié, la révolution de juillet en est bientôt à son troisième milliard de déficit.

piré, comme la dépouille sacrée d'un être aimé de Dieu et ressuscité à l'éternelle vie. Le pasteur protestant abandonne le nécessiteux sur son lit de mort; pour lui les tombeaux ne sont point une religion : car il ne croit pas à ces lieux expiatoires où les prières d'un ami vont délivrer une âme souffrante : dans ce monde, il ne se précipite point au milieu du feu de la peste, il *garde pour sa famille particulière* (1) ces soins affectueux que le prêtre de Rome prodigue à la grande famille humaine. »

CONCLUSION.

Et c'est pour une religion si sèche, si aride, Madame, que vous abandonneriez l'église de saint Pierre, qui est tout charité et tout amour ! Mais c'est l'effet contraire qui se produit tout autour de vous. Écoutez Byron : « J'élève » ma fille à un catholicisme strict dans un couvent de la »Romagne, écrit-il, car je pense qu'on ne peut jamais » avoir assez de religion quand on en a : je penche de jour » en jour davantage vers les doctrines catholiques. »

Les aveux de Benjamin Constant sont également précieux à recueillir :

«Je ne suis plus, dit-il, ce philosophe intrépide, sûr qu'il n'y a plus rien après ce monde, et tellement content de ce monde, qu'il se réjouit qu'il n'y en ait point d'autre. Mon ouvrage (*Histoire du Polythéisme*) est une singulière preuve de ce que dit Bacon, « qu'un peu de science mène à l'athéisme, et plus de science à la re- » ligion. » C'est positivement en approfondissant les faits, en en recueillant de toutes parts, et en me heurtant contre les difficultés sans nombre qu'ils opposent à l'incrédulité, que *je me suis forcé de reculer dans les idées religieuses. Je l'ai fait certainement*

---

(1) Comme je l'ai historiquement prouvé dans la 5e lettre de ma *Promenade en Suisse,* par FAMILLE PARTICULIÈRE il ne faut entendre i i que l'égoïsme personnel le plus honteux, l'apologie la plus anti-chrétienne de l'amour des richesses et de soi-même au détriment de tous ses frères en Dieu!

de bien bonne foi, car CHAQUE PAS RÉTROGRADE M'A COUTÉ. Encore à présent, toutes mes habitude et tous mes souvenirs *sont philosophiques* (1), et je défends poste après poste, tout ce que la religion a reconquis sur moi. Il y a même un sacrifice d'amour propre : car il est difficile, je le pense, de trouver une logique plus serrée que celle dont je m'étais servi pour attaquer toutes les opinions de ce genre. Mon livre n'avait absolument que le défaut d'aller dans le sens opposé à ce qui, *à présent,* me paraît vrai et bon, et j'aurais eu un succès de parti indubitable, j'aurais pu même avoir encore un autre succès, car avec de très légères inclinaisons j'en aurais fait ce qu'on aimerait le mieux à présent : un système d'athéisme pour les gens comme il faut, un manifeste contre les prêtres, et le tout combiné avec l'aveu qu'il faut pour le peuple de certaines fables, ce qui satisfait à la fois le pouvoir et la vanité. »

Et c'est quand des hommes tels que Byron et Benjamin Constant s'avouent forcés, quoi qu'il en coûte à leur amour-propre et à leurs antécédents, d'abandonner le protestantisme pour retourner au catholicisme, et l'athéisme pour la foi religieuse ; c'est lorsque Herder et toute l'école philosophique allemande tournent leurs regards vers l'Eglise universelle ; c'est enfin lorsque toute la France revient aux idées religieuses compromises un instant par les écrivains du dix-huitième siècle et par le scandaleux exemple du régent, que vous, Madame, vous prêteriez votre appui au protestantisme! Mais il me semble, encore une fois, que, lorsque cette secte dangereuse s'en va, ce ne devrait pas être aux d'Orléans à l'arrêter dans sa marche triomphalement rétrograde !...

Je l'ai déjà dit, et j'aime à le répéter en finissant : Par sa protection spéciale Marguerite d'Orléans a encouragé le protestantisme, et c'est à sa coupable condescendance qu'on doit reprocher tous les désastres du seizième siècle ; j'espère qu'une autre duchesse d'Orléans n'éternisera pas

---

(1) La philosophie actuelle n'a donc rien de commun avec la vérité.

nos misères en soutenant de ses puissants efforts la secte qui *doit nécessairement*, comme l'a dit Voltaire, *enfanter des guerres civiles et ébranler le fondement des états*, et qui a été lancée dans la société catholique, par Luther, comme un glaive *exterminateur* qui doit un jour la détruire. Tel est, Madame, mon dernier vœu à cet égard. Mais il m'en reste encore un à former pour la sécurité future des d'Orléans, *qui étaient*, selon un auguste dire, *de si bonnes gens* : c'est celui d'inviter votre époux à abdiquer le pouvoir. Le roi Guillaume de Hollande et Marie-Christine de Sicile viennent de donner un exemple qui doit être suivi : l'Europe entière va se renouveler et se reconstituer sur de nouvelles et plus solides bases pour faire face aux événements qui se préparent sur un autre continent ; de jeunes hommes sont nécessaires pour accomplir l'œuvre de la Providence ; et, comme le disait dernièrement encore Mgr le duc de Bordeaux à l'un de nos amis : «Il faut que la » France puisse bientôt se reposer, heureuse et libre, dans » le lit que la nature lui a formé entre les Alpes et la mer, » les Pyrénées et le Rhin. »

En attendant la réalisation de cette patriotique et royale prédiction, j'ai l'honneur d'être, Madame, etc.

FRÉDÉRIC DOLLÉ.

A Paris, rue d'Anjou-Saint-Honoré, 62.

Paris, 15 juin 1841.

Imprimerie de GUIRAUDET et JOUAUST, rue Saint-Honoré, 315.

LIBRAIRIE DE PARENT - DESBARRES ;
RUE DE BUSSY, N° 12, A PARIS,
ET CHEZ BOCCA, A TURIN (SARDAIGNE).

UNE

PROMENADE

EN SUISSE, EN SAVOIE ET EN FRANCE,

PAR M. FRÉDÉRIC DOLLÉ.

La troisième édition de la *Promenade en Suisse,
en Savoie et en France*, paraîtra très prochainement
en un joli volume grand in-18 imprimé avec luxe, con-
sidérablement corrigé et augmenté par l'auteur. Tous
les journaux ont fait l'éloge de cet ouvrage, et la nouvelle édition qui va paraître ne peut manquer d'obtenir
un grand succès. M. A. Nettement a dit dans la *Mode* :

« L'auteur de ce voyage s'est fait connaître au public
royaliste par une *Histoire des six Restaurations* ac-
complies dans le passé ; histoire remarquable qui mon-
tre les malheurs de la France six fois causés par des ré-
volutions, six fois réparés par la main d'un roi légitime.

» A ce livre, qui annonce des études historiques profondes, un esprit juste et droit, l'écrivain vient de
faire succéder un autre ouvrage qui se recommande par
des qualités différentes sans être opposées. Dans sa *Promenade en Suisse, en Savoie et en France*, M. Frédéric Dollé a exprimé, dans un style plein de naturel et

de mouvement, les sensations que lui ont fait éprouver les divers lieux qu'il a parcourus. Il a raconté avec une exactitude consciencieuse les légendes ou les souvenirs qui s'y rattachent, et quelquefois aussi de touchantes anecdotes dont il a été témoin. Parmi les plus gracieux récits du promeneur, nous signalerons un petit drame qui se passa au temps où la reine Berthe filait; l'histoire d'Hector, brave et malheureux comme son nom, le pauvre jeune homme! et celle de cette vertueuse Marie sacrifiant ses beaux cheveux, qui serviront peut-être à embellir votre front ce soir, Madame, sacrifiant ses beaux cheveux contre un morceau de pain dont sa mère a besoin.

» On trouve de tout dans le livre de M. F. Dollé, de la poésie, de la philosophie, de l'histoire et de la politique, mais surtout de la vérité. C'est un de ces livres purs et tranquilles qui reposent de tant d'autres livres frénétiques dont notre littérature convulsive est remplie. »

Voici maintenant l'opinion d'un autre journal de Paris :

« M. Frédéric Dollé vient de publier sous le titre modeste d'*une Promenade en Suisse* une vingtaine de lettres remarquables par des vues sages, un excellent esprit, et un amour du *vrai* et du *bon* qui n'est guère de mode depuis l'invasion de l'école moderne, qui court les grandes routes comme elle a couru les théâtres et les salons. M. Dollé a le tort de ne rien inventer, d'aimer la vérité en toutes choses, et de croire même que la religion est une belle et sainte vérité. En gravissant les plus hautes montagnes, son âme s'élève plus haut que leur cime, et lorsque sa jeune imagination s'exalte à la vue des magnificences qui se déploient majestueusement devant lui, sa pensée s'incline devant la puissance infinie qui a tout fait de rien.

» Ce n'est pas à dire pour cela qu'il ait eu des yeux sans voir, et il donne volontiers des détails sur ce qu'il a vu ; mais il saisit toujours avec adresse l'occasion de penser et de faire penser. J'ai lu avec plaisir et je dois citer avec éloge un touchant épisode qui cache, sous une forme gracieuse, le plus énergique argument contre le mariage des prêtres. Une épidémie dévorante s'est déclarée parmi de pauvres prisonniers protestants ; ils ont d'abord appelé le secours de la science ; la science reste impuissante. Ils désespèrent de leurs corps, ils pensent à leurs âmes, et demandent un prêtre de leurs voix faibles et mourantes. On cherche un pasteur ; mais la femme de celui-ci déclare qu'elle ne le laissera pas s'exposer à une mort presque certaine, et les enfants de celui-là l'entourent de leurs bras suppliants en lui demandant s'il ne se doit pas d'abord à sa famille ! et les pasteurs restent chez eux. Enfin on demande un prêtre catholique ; le prêtre catholique accourt ! Il est l'homme des douleurs, la consolation des souffrances, l'ami des âmes en peine, le recours des affligés ! A sa voix persuasive et pénétrante, les malheureux se résignent, ils acceptent l'épreuve que Dieu leur envoie, le calme fait place au désespoir ; un grand nombre échappe à la maladie, les autres échappent à un danger bien autrement à craindre !

» J'aime aussi l'histoire de cette pauvre mère qui n'avait qu'un fils, l'amour de toute sa vie et l'espérance de ses vieux jours. Il a voulu visiter les montagnes, le hardi jeune homme; il a voulu connaître toutes les grandeurs de son pays, et chaque soir il écrivait à sa mère le récit de ses excursions du jour. Les lettres vinrent à manquer, et sa mère, le cœur glacé d'effroi, se mit en route à son tour. Hélas! une immense avalanche avait enveloppé son fils et l'avait précipité dans les abîmes. Elle l'a retrouvé dans ce linceul de neige, elle a pu baiser ses yeux éteints, et depuis, chaque année, on la voit faire un saint et douloureux pèlerinage aux lieux où son fils repose. Elle ne le voit plus, mais elle le reverra. Ici bas sa douleur et son désespoir, là haut sa joie et son espérance!

» M. Dollé est jeune encore, ses premiers essais méritent des éloges et des encouragements. La ligne droite est la plus difficile; c'est là que sont les obstacles et les mécomptes : il le sait, et il entre courageusement dans la ligne droite. Il faut du courage pour entreprendre une *promenade* au milieu des ronces et des épines; M. Dollé y a trouvé des fleurs. C'est justice, et tout est pour le mieux. M. Dollé est un homme de cœur et de conviction qui a donné des preuves de dévoûment à la cause qu'il a embrassée, et qui mérite à tous égards la bienveillance de nos lecteurs. »

On peut souscrire d'avance chez M. PARENT-DESBARRES, à Paris, au bureau de l'*Encyclopédie catholique*, et chez M. BOCCA, à Turin. — Prix : 3 francs.

Imprimerie de GUIRAUDET et JOUAUST, rue Saint-Honoré, 315.